Tritus

Ein Tag im Leben eines Molches

An den Hängen der Kalkberge ist der Schnee längst geschmolzen. Das Wasser rann von den Hügeln und in den Steingräben talwärts, rasch, quicklebendig und mit Gemurmel.
Jetzt, Anfang Mai, sind die Gräben fast trocken. Aber eine kleine Mauer hat das Wasser eingefangen und angestaut. Fische tummeln sich im flachen See. Er leuchtet wie ein Auge.

Text von Karl Meißner
Illustrationen von Wolf-Ullrich Friedrich

Altberliner Verlag

Blumen strahlen in den Wiesen, gelb und weiß und rot und blau. Das Gras steht saftig, weich und fest. Schlehdorn und Brombeere haben ausgetrieben. Die Kopfweiden recken sich krumm und stark. Ihre Wurzeln halten sie aufrecht.

Die Sonne wärmt an diesem Morgen. Zwei Kohlweißlinge gaukeln umeinander über die Wasserfläche, Libellen jagen in ihrem Luftrevier nach Beute. Es riecht würzig nach Erde und Kräutern. Unter Wasser stehen Barsche im Schilfwald, sie spielen mit den Flossen auf und ab. Ein Schwarm Rotfedern huscht am Ufer entlang. Die Fische leben das ganze Jahr hier, aber die Bergmolche kommen nur vom Frühjahr bis zum Sommer.

Steigt die Sonne höher nach dem langen Winter, dann ahnen sie: Jetzt ist unsere Zeit. Sie kriechen unter Wurzeln hervor, kommen aus frostsicheren Erdspalten. Sie drängen aus den dunklen Verstecken ans Licht und zum Wasser. Hier legen sie ihr buntes Hochzeitskleid an und schaffen Nachwuchs.

Da! Plötzlich ein Kringel an der stillen Wasseroberfläche. Tritus der Molch ist schattengleich nach oben gewedelt. Blitzschnell hat er die Atemluft gewechselt. In einer schnellen Wendung legt er die Beine nach hinten, sein Schwanz treibt ihn wieder in die Tiefe.

Ein Bündel Sonnenstrahlen trifft seinen schlanken Leib. Bauch und Kehle leuchten orange; mehr rot als gelb blitzt es durchs Wasser. Aber obenauf schimmert er wasserblau und dunkelblau wie Abendwolken. Beim Abstieg sieht Tritus das Weibchen wieder. Er mußte die Werbung mit Luftschnappen unterbrechen. Nun ist er zurückgekehrt.

Das Weibchen wendet sich herüber und sieht Tritus an. Ihr Kopf und Rücken sind graubraun gefärbt, ein olivgrünes Netz überzieht den Körper, den eivollen Leib. Tritus schiebt sich heran und berührt sie mit der Maulspitze zart. Er hält still und nimmt mit der Nasenöffnung Witterung, genau an der Linie, wo dunkler Rücken und orangeroter Bauch sich treffen. Seine Kehlhaut bewegt sich auf und ab, mal schnell, mal langsam.

Nun kriecht das Weibchen vorwärts. Tritus bleibt, wo er ist. Aber plötzlich wirbelt er mit dem Schwanz und schwimmt blitzschnell über das Weibchen hinweg. Dann spreizt er die Zehen mit den winzigen Häuten, steuert mit dem Schwanzwedel und sinkt vor seinem Weibchen wie an einem Fallschirm nieder. So versperrt er den Weg und zeigt zugleich das Hochzeitskleid in allen Farben: schwarz und weiß, blau und grün, rot und orange und goldgelb in hell und dunkel. Eine märchenhafte Vielfalt.

Jetzt biegt Tritus den langen Schwanz nach der Seite um. Ganz flink wedelt er damit hin und her. Es sieht aus, als blase der Wind in einen bunten Wimpel. Aber Tritus erzeugt mit diesen Bewegungen einen Wasserstrom, und der bringt seine Duftstoffe zu ihr.
Das Weibchen kommt nun näher. Tritus hält an und wedelt noch einmal und noch einmal, lange und irgendwie schön. Aber sie bleibt, wo sie ist. Dann schlängelt sie sich zum Luftschnappen nach oben. Tritus wartet, bis sie wieder erscheint. Er schwimmt ihr nach und springt mit einem Schwanzschlag an ihre Seite.

In diesem Balzspiel sind beide näher an ein Pflanzendickicht geraten. Hellgrün entfalten sich die zarten Fiederblätter. Sie stehen wie Fächer da. Zwischendurch federn sich Wasserflöhe mit ihren Antennen vorwärts, und die Larven von Eintagsfliegen schwingen sich schnell davon. Unter einem Blättchen sitzt ein breitovaler Blutegel. Auf seiner Bauchseite trägt er viele Junge. Zwei Libellenlarven verstecken sich hinter einem kräftigen Stengel und halten hungrig nach Beute Ausschau. Winzige Käfer rudern durch den Unterwasserwald.

Eine Schlammschnecke weidet mit Hornkiefern den frischen Aufwuchs von einem algengrünen Schilfrohr. Da läßt sie los und treibt nach oben. Der Körper dreht und wendet sich, die spitzen Fühler sind gestreckt. Jetzt! Ein Schwanzschlag treibt die Pflanzen zur Seite. Die Wedel biegen sich. Ein quergestreifter Barsch stürmt blitzschnell vorwärts. Er stoppt und reißt sein Maul auf: Und schon ist die Schnecke mit dem Wasserstrom darin verschwunden. Dann schluckt er den leckeren Happen und schiebt sich rückwärts ins Dickicht.
Tritus beobachtet diesen Vorgang nicht. Auch ein paar Hüpferlinge lenken ihn nicht ab.

In der Nähe sinken zwei Molchmännchen mit gespreizten Beinen nach unten. Ganz langsam, unmerklich langsam schweben sie ruhig in die Tiefe. Das Wasser ist klar. Nun entdecken sie neben Tritus das Weibchen. Sie schlängeln heran. Tritus zuckt. Er wendet den Kopf, läuft auf einen davon zu, dreht bei und stellt sich breitseits. Dann richtet er die Schwanzspitze zum Weibchen hinüber und wedelt weiter. Die anderen tun es ihm gleich, aber Tritus balzt besser. Immer wieder wechselt er den Platz, schiebt sich zwischen die Fremden und sein Weibchen. Er ist sehr erregt, aber er drängt sie endlich ab. Und sie schwimmen – mit großen Ruhepausen – davon.

Nach einiger Zeit huschen zwei große Schatten über Tritus hinweg. Plätschert es da nicht? Er stutzt und blickt nach oben. Gegen den Himmel sieht er Silberkringel um einen hellen Bauch. Ein Schwänzchen ragt nach hinten weg. Vier Füße paddeln schnell und schneller. Sie machen Wellen hinter einem spitzen Mäusemäulchen mit vielen zarten Borsten. Spitzmäuse sind hier zu Hause. Das Männchen tollt hinter dem Weibchen her durchs Wasser. Zart, aber hoch sind die Töne, wenn sie vor Erregung quietschen. Schnell verschwinden sie im Kraut am Ufer, in dunklen Gängen im dichten Gras.

Tritus löst sich vom Grund. Er taucht noch einmal auf, nimmt einen Luftvorrat mit und landet dicht vor dem Weibchen. Er berührt es zart am Kopf und an der Flanke und springt mit einem Satz wieder nach vorn. Vier-, fünf-, sechsmal schickt er den Wasserstrom hinüber. Er ist sehr lebendig, wechselt seinen Platz, stellt sich wieder gegenüber auf.
Jetzt kriecht das Weibchen auf ihn zu. Tritus wendet nach kurzer Pause besonders langsam. Dann hebt er den Wedelschwanz etwas an. Er biegt ihn zur Seite und stelzt so davon. Und nun geschieht etwas Großartiges. Das Weibchen dreht den Kopf. Sie blickt Tritus nach. Dann folgt sie ihm. Der Abstand zwischen beiden wird geringer, das Weibchen berührt seine Schwanzspitze mit dem Maul. Auch Tritus bemerkt den Kontakt. Er kriecht langsam weiter, doch nach wenigen Schritten hält er an. Sein Körper regt sich kaum, aber aus dem Muskelwulst an der Schwanzwurzel kommt ein zartes, reinweißes Gebilde hervor. Darin stecken die Zellen für die Befruchtung der Molcheier.

Tritus drückt das Paket gegen den Boden. Nach kurzer Pause läuft er weiter, bleibt stehen, schaut zum Weibchen zurück. Da folgt sie ihm auf seiner Geruchsspur. Sie berührt das sonderbar geformte Ding und bleibt sofort still stehen: Nach kurzer Zeit ist das Paket in ihrem Leib verschwunden.
Die Bereitschaft zum Führen und Folgen ist bei Männchen und Weibchen bald erloschen. Sie steigt zur Wasseroberfläche auf, auch Tritus schwimmt nach oben. Er atmet länger als vorher dort, sinkt langsam abwärts und treibt in die Uferzone.

Bald schon trifft Tritus auf andere Weibchen. Er wird vor ihnen balzen. Aber alle, die schon ein Samenpaket in sich tragen, werden sein Verhalten nicht beachten.

Das Weibchen wird die Blätter von Wasserpflanzen prüfen. Sie merkt gleich, ob es frische Blätter sind. Mit einem leichten Schwanzschlag schwebt sie an dem Stengel nach oben. Nun faltet sie ein Blatt mit den Hinterbeinen und preßt es gegen die Schwanzwurzel. Nach einiger Zeit schwimmt es weiter. Aber das Blatt bleibt geknickt, zwischen beiden Hälften steckt in einer Gallerthülle ein befruchtetes Molchei.

Dreiundsiebzig Blätter verändern in den nächsten Stunden ihre Form. Aus den dreiundsiebzig Eiern schlüpfen bald winzige Larven. Sie haben zuerst nur Vorderbeine und Kiemenbüschel. Später wachsen ihnen auch Hinterbeine. Viele Molchlarven werden von Fischen und Wasserinsekten gefressen, andere kommen davon. Sie wachsen und kriegen Lungen und gehen im Herbst an Land. In zwei, vielleicht in drei Jahren kommen sie auch zum See und färben das Winterkleid mit Hochzeitsfarben ein. Dann sind sie wie Tritus und sein Weibchen erwachsen.